- 스템 스티치로 수놓기 -

Marie-Anne Réthoret-Mélin et Perrette Samouiloff
마리 안느 레토레 멜랭, 페르레뜨 사무이로프

내 아이를 위한 프랑스 자수

하루 30분, 한 땀 한 땀

옮긴이 장덕순

호 스토리

그 무엇을 해주어도 아깝지 않은 우리 아이들…
예쁘고 아름다운 것들로 아이들의 공간을 꾸며주고,
아이들의 입에서 탄성이 나올 만한
사랑스러운 문양의 소품들을 제작하고,
섬세한 손길로 직접 우리 아이만의 옷과 액세서리를 만들어 주는 것은
모든 부모들의 바람일 것입니다.

고급스런 스템 스티치로 수놓은 멋진 작품의 세계에 빠져 보세요.
어린 시절 여러분의 추억을 떠올리며,
현재 여러분의 아이에게 즐거움을 선사해 보세요.

마리 안느와 페르레뜨

작품에 사용된 여섯 종류의 물리네 컬러 베리에이션 DMC Mouliné Color Variations DMC

Les points de broderie traditionnelle

전통 자수 스티치

이 책의 자수에 사용된 실은 전부 물리네 컬러 베리에이션입니다. 주로 스템 스티치로 문양을 수놓았지만 다른 스티치도 사용하였습니다. 인물의 눈과 입은 프렌치 노트 스티치로 수놓습니다.

스템 스티치 Stem stitch

러닝 스티치 한 땀을 놓고 바늘을 중간에서 빼냅니다. 실을 가볍게 당겨주며 동일한 작업을 반복합니다. 이때 실이 항상 윤곽선의 오른쪽에 오도록 합니다.
옆 사진의 옷은 전부 스템 스티치로 수놓은 것입니다.

프렌치 노트 스티치 French knot stitch

바늘을 겉면으로 빼냅니다. 실을 바늘에 두 번 감고 엄지와 검지로 실을 당겨 팽팽하게 합니다. 그다음 실을 빼냈던 지점 바로 옆에 바늘을 꽂아 뒷면으로 빼냅니다. 뒷면에서 실을 완전히 당겨 겉면에 매듭이 고정되도록 합니다.
옆 사진의 눈과 입은 프렌치 노트 스티치로 수놓은 것입니다.

체인 스티치 Chain stitch

겉면으로 빼낸 실을 엄지로 눌러 옆면에 붙입니다. 실을 빼냈던 지점 바로 옆에 바늘을 꽂고 고리 윤곽 위로 실을 빼내어 당겨줍니다. 이때 실 밑에 고리가 오도록 합니다. 처음 실 바로 옆의 고리 안으로 바늘을 꽂아 다음 스티치를 놓습니다. 마지막 고리 위에 작은 스티치를 실행하여 마무리합니다. 옆 사진의 꽃잎은 체인 스티치로 수놓은 것입니다.

레이지 데이지 스티치 Lazy daisy stitch

꽃잎을 수놓을 때 사용합니다. 체인 스티치 한 땀을 놓고 실을 빼냈던 지점 바로 옆에 바늘을 꽂습니다. 이때 바늘 끝이 고리 밑을 지나도록 합니다. 다음 스티치의 끝단에서 바늘을 빼냅니다.
옆 사진의 이파리 세 개는 레이지 데이지 스티치로 수놓은 것입니다.

백 스티치 Back stitch

바늘을 겉면으로 빼내어 뒤로 꽂은 다음, 실 앞으로 빼내어 당겨줍니다. 처음 스티치의 끝단 뒤로 바늘을 꽂고, 실 앞으로 빼내 줍니다. 스티치 길이를 일정하게 유지하며 동일한 작업을 반복합니다.

옆 사진의 꽃잎은 백 스티치로 수놓은 것입니다.

러닝 스티치 Runnig stitch

바늘을 겉면으로 빼내어 앞으로 꽂은 다음, 한 땀의 간격을 두고 빼냅니다. 스티치와 간격의 길이가 일정해지도록 해야 합니다. 이렇게 완성된 자수의 앞뒷면은 동일한 모양이 됩니다.

옆 사진의 허리띠는 러닝 스티치로 수놓은 것입니다.

스트레이트 스티치 Straight stitch

윤곽선을 따라 한 땀 한 땀 넣고 빼냅니다.

옆 사진의 양말 줄무늬는 스트레이트 스티치로 수놓은 것입니다.

문양 옮기기

일반 연필이나 천 전사용 연필, 그리고 70~90 g/m^{2}의 트레이싱 페이퍼를 준비합니다. 연필로 트레이싱 페이퍼 위에 문양을 정성껏 그립니다. 자수가 세밀하게 나오려면 정확하게 옮겨 그려야 합니다. 문양이 반대가 되도록 종이를 뒤집어 놓습니다. 전사용 연필로 윤곽선을 따라 그리고, 종이를 천 위에 놓습니다. 그림이 천에 완전히 전사될 때까지 아주 높은 온도(리넨 모드)로 다림질합니다. 아발론Avalon® 타입의 수용성 필름지를 사용할 수도 있습니다.

원단과 마감

올이 아주 촘촘한 원단을 선택하세요. 교직물이나 오래된 속옷 천도 전통 자수를 놓는 데 적합할 수 있습니다. 자수가 완성되면 세제를 약간 넣은 미지근한 물에 세탁을 한 다음, 마를 때까지 기다린 후 안면을 다림질합니다.

잠자리

Côté sommeil

쿠션 베개, 꽃무늬 커튼, 전등갓… 아이들의 방을 아늑하게 꾸며 줄 작품들을 만들어 보세요. 잠자리에 들 시간이 되면 아이들은 즐거운 마음으로 입고 있던 옷가지를 예쁜 외투 걸이에 걸고, 가지런히 정리된 잠옷을 꺼내 입고선 달콤한 꿈나라에 빠져들 겁니다.

사랑스러운 쿠션 베개

- ☐ 30×45cm 흰색 교직물
- ☐ 20×45cm 파란 꽃무늬 천 두 장
- ☐ 물리네 컬러 베리에이션 DMC : 4030 한 타래
- ☐ 30cm 잘 어울리는 색 바이어스
- ☐ 30cm×5mm 파란색 레이스
- ☐ 80cm×1cm 파란 물방울무늬 장식줄
- ☐ 합성 솜털

수놓기

직사각형의 교직물을 세로 방향으로 놓고 중앙에 문양을 옮겨 그립니다. 물리네 실 두 가닥을 이용하여 도안에 제시된 스티치로 수를 놓습니다. 자수를 세탁한 후 안면을 다림질합니다.

재봉하기

자수의 안면에 26×40cm의 직사각형을 그립니다. 자수의 겉면에서 위로 5.5cm 지점에 바이어스를 놓고 핀으로 고정한 다음, 가장자리에서 2mm 간격을 두고 러닝 스티치(홈질-역주)로 박아줍니다. 레이스를 바이어스의 하단에 바짝 붙여 재봉합니다.

꽃무늬 천의 안면에 각각 15×40cm의 직사각형을 그립니다. 꽃무늬 천 두 장을 자수 양 옆면에 겉면이 마주 보도록 놓고 러닝 스티치로 박아줍니다. 이 베갯잇을 겉면이 마주 보도록 접고 넓은 면을 러닝 스티치로 박아줍니다. 좁은 면은 안으로 1cm씩 두 번 접어 러닝 스티치로 박아준 다음 다림질합니다. 천을 뒤집어 다시 다림질합니다. 물방울무늬 장식줄을 동일하게 반으로 잘라, 자수에서 5cm 떨어진 지점의 천 한쪽 옆면에 묶어줍니다. 쿠션 크기에 맞는 베개를 넣거나 합성 솜털을 채운 다음, 나머지 장식줄을 반대쪽에 묶어줍니다.

Le range-pyjama

잠옷 주머니

- 35×30cm 흰색 교직물
- 24×30cm 파란 꽃무늬 천 두 장
- 물리네 컬러 베리에이션 DMC : 4030 한 타래
- 32×27cm 열접착시트
- 29cm 잘 어울리는 색 바이어스

수놓기

직사각형의 교직물을 가로 방향으로 놓고 중앙에 문양을 옮겨 그립니다. 물리네 실 두 가닥을 이용하여 도안에 제시된 스티치로 수를 놓습니다. 이때 왼쪽 별 장식의 길이가 24cm가 되도록 연장하여 수놓습니다. 자수를 세탁한 후 안면을 다림질합니다.

재봉하기

자수의 안면에 30×24.5cm의 직사각형을 그립니다. 이때 윤곽선에서 5cm 지점에 왼쪽 별 장식이 오도록 합니다. 별 장식에서 1.5cm 지점의 원단 겉면에 바이어스를 놓고 핀으로 고정한 다음, 넓은 면을 러닝 스티치로 재봉합니다. 자수의 안면에 열접착시트를 붙입니다.

두 장의 꽃무늬 천에서 넓은 면 한쪽을 안으로 1cm씩 두 번 접어 러닝 스티치로 박음질한 후 다림질합니다. 방금 박음질한 넓은 면이 중간에서 서로 겹쳐지도록 꽃무늬 천 두 장을 포개어 놓습니다. 이것을 자수와 겉면이 마주 보도록 놓은 다음 핀으로 고정합니다. 이제 둘레 전체를 러닝 스티치로 박음질한 후 천을 뒤집어 다림질합니다. 주머니에 잠옷을 집어넣습니다.

글쓴이가 전하는 팁 바이어스 만들기

수예점에 가면 수많은 종류의 바이어스가 있습니다. 바이어스를 굳이 구매하지 않고 본인이 직접 만들 수도 있습니다. 천을 겉면이 마주 보도록 45°로 접습니다. 대각선을 따라 폭 3cm의 띠 여러 개를 그리고 잘라냅니다. 각각의 띠를 가로 방향으로 안면이 마주 보도록 접고 다림질합니다. 그다음 양쪽 긴 면의 가장자리를 안으로 5mm 접고 다림질합니다. 이러면 폭 1cm의 일반적인 바이어스가 만들어집니다. 띠의 폭을 넓게 하여 다양한 바이어스를 만들어 보세요.

스트레이트 스티치
point lancé
스트레이트 스티치
point lancé
스트레이트 스티치
point lancé
스트레이트 스티치
point lancé

4030

스트레이트 스티치
point lancé
스트레이트 스티치
point lancé
4030

L'abat-jour

전등갓

- 45×35cm 흰색 교직물
- 물리네 컬러 베리에이션 DMC : 4190 한 타래
- 전등갓용 35×45cm 흰색 접착 폴리판polyphane
- 전구 집게 한 개
- 1.30m×5mm 흰색 장식술
- 원단용 접착제
- 가는 매직펜 한 개

수놓기

직사각형의 교직물 안면에 76 페이지의 패턴을 옮겨놓고, 그 위에 문양을 옮겨 그립니다. 이때 중심선 중앙에 문양이 오도록 합니다. 물리네 실 두 가닥을 이용하여 도안에 제시된 스티치로 수를 놓습니다. 자수를 세탁한 후 안면을 다림질합니다.

재봉하기

매직펜을 이용하여 폴리판의 바둑판무늬 필름 면에 패턴을 옮겨 그립니다. 보호 필름을 전등갓의 중심선까지 벗겨내고, 이 부분에 자수를 매끄럽게 붙입니다. 보호 필름을 완전히 벗겨내고 천의 나머지 부분도 주름지지 않도록 세심하게 접착합니다. 폴리판 둘레의 자투리 천은 잘라냅니다. 천의 한쪽 면을 1cm 잘라내어 전등갓을 닫아줍니다.
전등갓 윗부분에 전구 집게를 재봉합니다. 윗면과 아랫면 둘레에 장식술을 붙입니다.

글쓴이가 전하는 팁

리넨이나 샴브레이 원단에 수를 놓아도 방의 데커레이션과 잘 어울리는 색상의 전등갓을 만들 수 있답니다.

La housse de cintre

옷걸이 커버

- 45×25cm 흰색 교직물
- 45×25cm 꽃무늬 천 (커버 뒷면)
- 물리네 컬러 베리에이션 DMC : 4190 한 타래
- 45×25cm 열접착시트
- 8cm×3mm 밝은 분홍색 띠 (리본)
- 45cm×1cm 흰색 레이스
- 옷걸이 한 개

수놓기

직사각형의 교직물을 가로 방향으로 놓고 중앙에 문양을 옮겨 그립니다. 물리네 실 두 가닥을 이용하여 도안에 제시된 스티치로 수를 놓습니다. 자수를 세탁한 후 안면을 다림질합니다. 자수의 안면에 열접착시트를 붙입니다.

재봉하기

자수와 천의 안면에 77 페이지의 패턴을 옮겨 그립니다. 자수와 천의 겉면을 포개어 놓고 옆면과 윗면을 러닝 스티치로 박아줍니다. 이때 고리가 빠져나올 수 있도록 가운데를 2cm 열어둡니다. 그다음 천을 뒤집어 다림질합니다. 커버의 아랫면을 1cm 간격을 두고 감침질합니다. 레이스의 끝단을 안으로 접어 넣고 커버의 아랫면에 재봉합니다. 이제 옷걸이를 커버에 끼워 넣습니다.

글쓴이가 전하는 팁

아이가 좋아하는 물건을 담을 수 있는 주머니를 만들려면 더 긴(45cm) 원단과 천을 준비하세요. 수놓은 문양 아래에 45 x 15cm의 천 조각을 안면이 마주 보도록 놓고 핀으로 고정한 다음, 윗면을 제외한 모든 면을 박아줍니다. 윗면에는 장식술이나 흰색 레이스를 달아줍니다.

중심선
Repère du milieu
스트레이트 스티치
point lancé
스트레이트 스티치
point lancé

— 4190

옷걸이 커버

스트레이트 스티치
point lancé
레이지 데이지 스티치
point de bouclette
스트레이트 스티치
point lancé
4190
스트레이트 스티치
point lancé
스트레이트 스티치
point lancé
4030

Joli rideau

예쁜 커튼

여러분의 창문이나 블라인드의 크기에 맞는 원단과 천을 준비하세요.

여기에서는 110×70cm의 창문을 예로 들었습니다.

- 80×30cm 흰색 교직물
- 75×124cm 분홍색 꽃무늬 천
- 물리네 컬러 베리에이션 DMC : 4190 한 타래
- 70×22cm 열접착시트
- 1.50m×1cm 흰색 레이스

수놓기

직사각형의 교직물을 가로 방향으로 놓고 중앙에 문양을 옮겨 그립니다. 물리네 실 두 가닥을 이용하여 스템 스티치로 수를 놓습니다. 자수를 세탁한 후 안면을 다림질합니다.

재봉하기

자수의 안면에 70×20cm의 직사각형을 문양이 가운데 오도록 그립니다. 자수의 안면에 열접착시트를 붙입니다. 자수 띠의 윗면과 아랫면에 1.5cm 간격을 두고 자투리 원단을 잘라낸 다음, 안으로 접어 넣고 다림질합니다.

꽃무늬 천의 아랫면을 안으로 1cm씩 두 번 접어 감침질합니다. 천의 아랫면에서 10cm 지점 중앙에 자수 띠를 놓고 핀으로 고정한 다음, 양쪽 넓은 면을 가장자리에서 2mm 간격을 두고 러닝 스티치로 박아줍니다. 레이스를 동일하게 두 부분으로 잘라 자수 띠의 넓은 면 양쪽에 핀으로 고정한 다음, 러닝 스티치로 박아줍니다. 천의 옆면을 안으로 1cm씩 두 번 접고, 넓은 면과 함께 러닝 스티치로 박아줍니다. 커튼의 윗면은 안으로 1cm를 접고 다시 10cm를 접어 다림질한 다음, 러닝 스티치로 박아줍니다. 이렇게 만들어진 홈 안에 커튼 봉을 끼워 넣습니다.

글쓴이가 전하는 팁

커튼의 길이가 아주 길다면 문양을 중앙에 맞출 필요 없이 필요한 만큼 반복하여 수를 놓습니다.

4190

Le porte-manteau

외투 걸이

- 40×25cm 흰색 교직물
- 물리네 컬러 베리에이션 DMC : 4215 한 타래
- 35×15cm 열접착시트
- 1m의 바이어스 또는 장식줄
- 35×15.5cm, 두께 12cm의 나무 판 한 개 (DIY 매장)
- 은색 금속 옷 고리 세 개 (DIY 매장)
- 판을 걸 때 사용할 접착 고리 두 개
- 34×14cm 두꺼운 종이
- 원단용 접착제

수놓기

직사각형의 교직물을 가로 방향으로 놓고 중앙에 문양을 옮겨 그립니다. 물리네 실 두 가닥을 이용하여 도안에 제시된 스티치로 수를 놓습니다. 자수를 세탁한 후 안면을 다림질합니다.

재봉하기

자수의 안면에 35×15cm의 직사각형을 그립니다. 이때 윤곽선에서 1cm 지점에 문양의 윗부분이 오도록 합니다. 자수의 안면에 열접착시트를 붙입니다. 자수 둘레에 2.5cm 간격을 두고 자투리 원단을 잘라낸 다음, 안으로 접어 넣고 다림질합니다. 이 자수 원단으로 나무 판을 감싼 후 자투리 원단을 판의 뒷면으로 접어 넣고 접착제로 붙입니다. 판의 뒷면은 직사각형의 두꺼운 종이를 대어 자투리 원단이 보이지 않도록 덮어줍니다.

바이어스를 안면이 마주 보도록 길게 접고, 가장자리에서 2mm 간격을 두고 러닝 스티치로 박아준 다음, 나무 판 둘레에 붙입니다. 뒷면에는 접착 고리를 달아줍니다. 판의 아랫부분 중앙과 양쪽 끝에 옷 고리를 나사로 박아줍니다.

외투 걸이

체인 스티치
point de chaînette
스트레이트 스티치
point lancé
스트레이트 스티치
point lancé

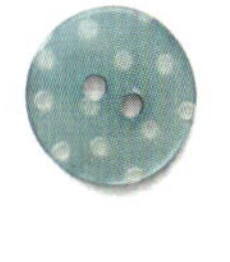

4125

미용용품

Les petites affaires

미용과 관련된 일상용품과 액세서리를 만들어 봅니다. 아이들이 좋아할 만한 색상과 무늬의 천을 골라 보세요. 깜찍한 슬리퍼를 신고 예쁘게 수놓은 목욕 가운을 걸친 아이들은 얼마나 사랑스러울까요.

Trousse de toilette pour leurs petites frimousses

아이 화장 파우치

- 30×20cm 흰색 교직물
- 30×10cm와 30×26cm 파란 무늬 천
- 물리네 컬러 베리에이션 DMC : 4240 한 타래
- 30×26cm 열접착시트 두 장
- 30×26cm 파란 물방울무늬 천 두 장 (안감용)
- 30cm 지퍼 한 개

장식 고리

- 10×10cm 흰색 천
- 10×10cm 무늬 천
- 10cm 파란색 줄
- 합성 솜털 약간
- 톱니 가위 한 개
- 두꺼운 뜨개바늘 한 개

수놓기

직사각형의 교직물을 가로 방향으로 놓고 중앙에 문양을 옮겨 그립니다. 물리네 실 두 가닥을 이용하여 도안에 제시된 스티치로 수를 놓습니다. 자수를 세탁한 후 안면을 다림질합니다.

재봉하기

자수의 안면에 26×15cm의 직사각형을 그립니다. 이때 윤곽선에서 1cm 지점에 자수의 아랫부분이 오도록 합니다. 자수의 아랫부분에 작은 무늬 천(30×10cm-역주)을 겉면이 마주 보도록 놓고 핀으로 고정한 다음, 러닝 스티치로 박음질한 후 재봉선의 안면을 다림질합니다. 이렇게 결합된 천의 안면에 22×26cm의 직사각형을 그립니다. 나머지 무늬 천(30×26cm-역주) 안면에도 22×26cm의 직사각형을 그립니다. 자수와 천을 겉면이 마주 보도록 포개어 놓고 핀으로 고정한 다음, 양 옆면과 아랫면을 러닝 스티치로 박아줍니다. 두 장의 무늬 천 안면에 열접착시트를 붙이고, 겉면이 마주 보도록 포개어 놓습니다. 양 옆면과 아랫면을 러닝 스티치로 박아줍니다. 파우치 하단의 양쪽 모서리 부분에서 옆면과 하단의 재봉선을 포개놓으면 밑면이 6cm인 삼각형이 만들어집니다. 삼각형의 밑면을 박음질한 다음, 파우치 바닥에 접어 넣습니다. 이제 파우치를 밖으로 뒤집어줍니다. 안감으로 사용할 물방울무늬 천에도 동일한 작업을 진행합니다. 안감을 파우치 안에 겉면이 마주 보도록 넣고 파우치 바깥과 안감 사이에 지퍼를 끼워 넣은 다음, 윗면을 러닝 스티치로 박아줍니다.

장식 고리

72 페이지 설명을 참고하세요. 두꺼운 바늘을 이용하여 끈을 장식 고리와 지퍼 고리 안에 차례로 끼워 넣고 매듭을 묶어줍니다.

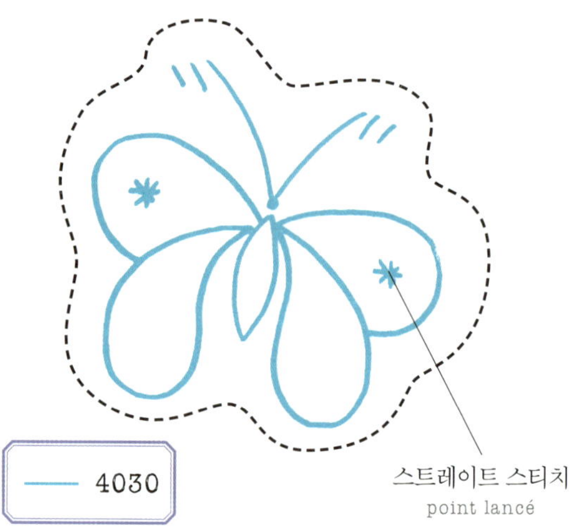

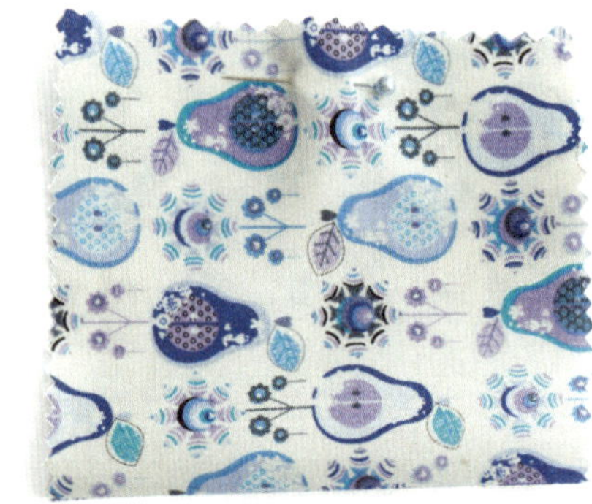

Ma petite frimousse

Je suis toute belle

Ma petite frimousse

— 4240

Le sac à linge

속옷 가방

- 35×35cm 흰색 교직물
- 38×38cm 물방울무늬 천 다섯 장 (가방의 네 면과 바닥)
- 72×16cm 무늬 천 두 장 (가방의 홈)
- 물리네 컬러 베리에이션 DMC : 4200 한 타래
- 1.40m×5mm 흰색 레이스
- 3m 물방울무늬 장식줄

열접착시트 :

- 24×24cm (자수)
- 36×36cm (가방의 바닥)

장식 고리 :

- 10×10cm 흰색 교직물
- 10×10cm 날염 천
- 합성 솜털 약간
- 톱니 가위 한 개

수놓기

정사각형의 교직물 중앙에 문양을 옮겨 그립니다. 물리네 실 두 가닥을 이용하여 도안에 제시된 스티치로 수를 놓습니다. 자수를 세탁한 후 안면을 다림질합니다.

재봉하기

자수의 안면에 24×24cm의 정사각형을 그리고 열접착시트를 붙입니다. 윤곽선 둘레에 1.5cm 간격을 두고 자투리 천을 잘라낸 다음, 안으로 접어 넣고 다림질합니다. 물방울무늬 천 안면에 각각 34×34cm의 정사각형을 그립니다. 한 장의 정사각형 천 중앙에 자수를 놓고 핀으로 고정한 다음, 가장자리에서 2mm 간격을 두고 둘레 전체를 러닝 스티치로 박아줍니다. 다른 한 장의 정사각형 천 안면에 열접착시트를 붙여 가방의 바닥을 만듭니다.

가방의 바닥과 정사각형 천 한 장을 겉면이 마주 보도록 놓고 한쪽 면을 핀으로 고정한 후 러닝 스티치로 박아줍니다. 나머지 세 장의 정사각형 천에도 동일한 작업을 진행합니다. 각 부분을 결합하고 러닝 스티치로 하나하나 박아줍니다. 무늬 천(72×16cm의 띠-역주) 두 장을 겉면이 마주 보도록 놓고 좁은 면 양쪽을 러닝 스티치로 박아줍니다. 이렇게 만들어진 띠를 겉면이 마주 보도록 가방에 끼워 넣습니다. 이때 옆 재봉선이 가방의 정사각형 옆면 가운데에 오도록 합니다. 가방의 윗부분 둘레 전체를 러닝 스티치로 박아주고 재봉선을 다림질한 다음, 재봉 여백을 안으로 접어 넣습니다. 가방 윗부분의 띠를 안면이 마주 보도록 접어 올려 높이 6cm의 띠를 만듭니다. 이제 둘레 전체를 러닝 스티치로 박아줍니다. 띠의 하단에 레이스를 고정시킵니다.

레이스에서 1.5cm 간격을 두고 띠 둘레 전체를 재봉한 다음, 이 재봉선에서 2cm 지점에 또 다른 재봉선을 만들면 홈이 만들어집니다. 동일하게 반으로 자른 장식줄을 안전핀을 이용하여 옆 재봉선부터 홈에 집어넣습니다. 나머지 장식줄도 반대쪽에 동일하게 작업합니다.

장식 고리

72 페이지의 설명을 참고하세요.

레이지 데이지 스티치
point de bouclette
스트레이트 스티치
point lancé
백 스티치
point de piqûre
러닝 스티치
point avant
백 스티치
point de piqûre
러닝 스티치
point avant
스트레이트 스티치
point lancé
스트레이트 스티치
point lancé
4200

스트레이트 스티치
point lancé
스트레이트 스티치
point lancé

Le peignoir des enfants sages

아이 목욕 가운

- 원하는 크기의 타월 천 가운 한 개
- 물리네 컬러 베리에이션 DMC : 4240 한 타래

가운의 등과 주머니에 문양을 옮겨 그립니다. 물리네 실 두 가닥을 이용하여 도안에 제시된 스티치로 수를 놓습니다. 자수를 세탁한 후 다림질합니다.

Les petites mules

깜찍한 슬리퍼

- 20×20cm 흰색 교직물 두 장
- 물리네 컬러 베리에이션 DMC : 4210, 4240 한 타래
- 20×20cm 열접착시트 두 장
- 깔창 크기의(둘레 전체에 2cm 여백 추가) 직사각형 플리스Fleece 원단 두 장
- 깔창 크기의(둘레 전체에 2cm 여백 추가) 직사각형 무늬 천 네 장
- 깔창 크기의(둘레 전체에 2cm 여백 추가) 직사각형 열접착시트 네 장
- 슬리퍼 등에 사용할 45cm 바이어스
- 슬리퍼 둘레에 사용할 바이어스 (깔창의 윤곽선을 재보세요, 약 50cm)
- 깔창 크기의(둘레 전체에 2cm 여백 추가) 가벼운 판지 : 패턴용
- 원하는 치수의 깔창 한 쌍

수놓기

정사각형의 교직물 안면에 77 페이지의 슬리퍼 등 패턴을 옮겨놓고, 윤곽선을 따라 재단합니다. 정사각형 중앙에 문양을 옮겨 그립니다. 물리네 실 두 가닥을 이용하여 도안에 제시된 스티치로 수를 놓습니다. 자수를 세탁한 후 안면을 다림질합니다.

재봉하기

자수의 안면에 열접착시트를 붙입니다. 둘레 전체를 1.5cm의 재봉 여백을 남기고 잘라냅니다. 상단 가장자리에 바이어스를 걸쳐 놓고 박음질합니다. 깔창 한 개를 판지 위에 놓고 윤곽선을 그립니다. 1cm 간격을 두고 다른 윤곽선을 그린 다음 판지를 잘라냅니다. 이 패턴을 직사각형의 무늬 천과 플리스 원단 안면에 옮겨 그립니다. 이때 한 짝의 깔창이 거울에 반사된 것처럼 뒤집혀지도록 그려야 합니다. 둘레 전체를 1.5cm의 재봉 여백을 남기고 잘라냅니다.

네 장의 무늬 천 안면에 열접착시트를 붙입니다. 슬리퍼 등, 무늬 천, 플리스 원단, 나머지 무늬 천을 차례로 포개어 놓습니다. 이 안에 깔창을 집어넣고 네 겹의 천 둘레 전체를 지그재그 스티치로 박음질하여 닫아줍니다. 윤곽선에 5mm 간격을 두고 둘레 전체를 잘라냅니다. 슬리퍼 윤곽 위에 바이어스를 걸쳐 놓고 둘레 전체를 지그재그 스티치로 박아줍니다.

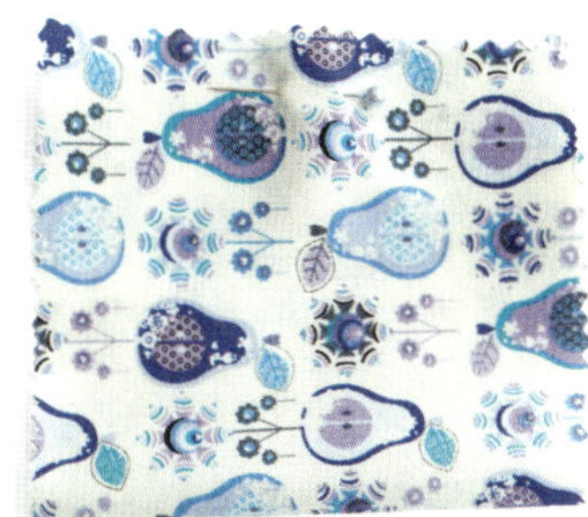

아이 목욕 가운

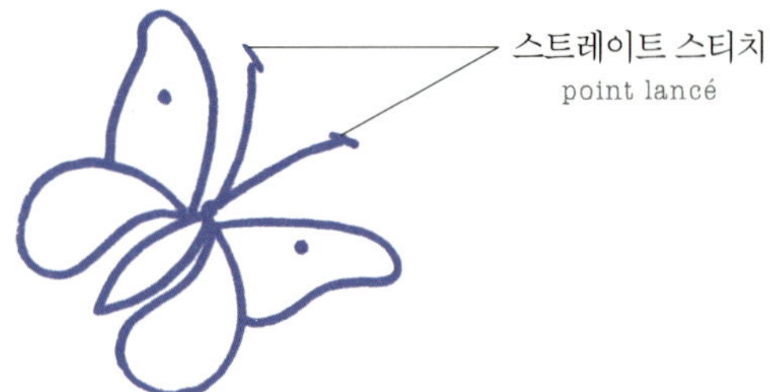

— 4240

— 4240

— 4210

Les bandeaux

헤어밴드

- 45×7cm 흰색 교직물
- 물리네 컬러 베리에이션 DMC : 4200, 4215 한 타래
- 15×2cm 고무줄

무늬 천 :

- 45×8cm (밴드)
- 25×6cm (고무줄)

수놓기

직사각형의 교직물을 가로 방향으로 놓고 중앙에 문양을 옮겨 그립니다. 물리네 실 두 가닥을 이용하여 도안에 제시된 스티치로 수를 놓습니다. 자수를 세탁한 후 안면을 다림질합니다.

재봉하기

자수의 안면에 38×5cm의 직사각형을, 밴드용 천의 안면에 38×6cm의 직사각형을 그립니다. 직사각형의 높이에 변화를 주어 원하는 효과를 낼 수도 있습니다. 천이 넓을수록 자수의 양쪽 면이 더 많이 보이게 됩니다. 천과 자수를 겉면이 마주 보도록 놓고 넓은 면 양쪽을 러닝 스티치로 박음질한 후 다림질합니다. 천의 안면에 78 페이지의 패턴을 옮겨 그리고 각진 면을 재봉합니다. 재봉선에 1cm 간격을 두고 자투리 천을 잘라낸 다음, 뒤집어 다림질합니다.

고무줄용 천을 겉면이 마주 보도록 접고 길이를 따라 러닝 스티치로 박음질한 후 뒤집어 줍니다. 천 안에 고무줄을 넣고 천과 고무줄의 끝단을 지그재그 스티치로 박음질한 후, 고무줄의 길이에 맞춰 천에 주름을 잡아줍니다. 반대쪽 끝단도 지그재그 스티치로 박아줍니다. 자투리 천은 밴드의 양쪽 면 안으로 넣고 여기에 고무줄을 5mm 정도 밀어 넣은 다음, 러닝 스티치로 박아줍니다.

글쓴이가 전하는 팁

62~63 페이지의 장식띠 패턴을 활용하여 예쁜 장식줄을 만들어 보세요. 보브(챙이 위쪽으로 접혀진 모자-역주), 캡(챙달린 모자-역주), 마르셀 니트… 에 달아주면 의상을 아름답게 꾸밀 수 있답니다.

방한용품

비니

- □ 25×25cm 플리스 원단 두 장
- □ 물리네 컬러 베리에이션 DMC : 4030 한 타래
- □ 트레이싱 페이퍼
- □ 천 전사용 연필
- □ 톱니 가위 한 개

수놓기

정사각형의 플리스 원단 두 장에 78 페이지 패턴을 옮겨놓고 느슨하게 감침질합니다. 비니의 아랫면에서 7cm 지점에 문양을 옮겨 그립니다. 다리미로 은근하게(모직 모드로) 다림질하여 문양을 전사합니다. 물리네 실 두 가닥을 이용하여 도안에 제시된 스티치로 수를 놓습니다.

재봉하기

비니의 두 부분을 겉면이 마주 보도록 놓고 핀으로 고정한 다음, 아랫면을 제외한 둘레 전체를 러닝 스티치로 박아줍니다. 재봉선에서 5mm 간격을 두고 자투리 원단을 잘라냅니다. 톱니 가위를 이용하여 비니의 아랫면을 잘라내고 뒤집어 줍니다. 비니의 아랫면에서 3cm를 안으로 접어 넣고, 가장자리에서 5mm 간격을 두고 둘레 전체를 박음질합니다.

스카프

- □ 16×130cm 플리스 원단 두 장 (재봉선 포함)
- □ 물리네 컬러 베리에이션 DMC : 4030 한 타래
- □ 트레이싱 페이퍼
- □ 천 전사용 연필

수놓기

플리스 원단의 끝단에서 8cm 지점에 문양을 옮겨 그립니다. 다리미로 은근하게(모직 모드로) 다림질하여 문양을 전사합니다. 물리네 실 두 가닥을 이용하여 도안에 제시된 스티치로 수를 놓습니다.

재봉하기

플리스 원단 두 장을 겉면이 마주 보도록 놓고 핀으로 고정한 다음, 7cm의 창구멍을 제외한 둘레 전체를 러닝 스티치로 박아줍니다. 원단을 뒤집고 창구멍을 촘촘한 슬랜팅 스티치로 닫아줍니다.

벙어리장갑

- □ 20×25cm 플리스 원단 네 장
- □ 물리네 컬러 베리에이션 DMC : 4030 한 타래
- □ 물리네 컬러 베리에이션 DMC : 4030, 2미터 두 개
- □ 트레이싱 페이퍼
- □ 천 전사용 연필
- □ 두꺼운 뜨개바늘 한 개
- □ 톱니 가위 한 개

수놓기

플리스 원단 네 장에 79 페이지 패턴을 옮겨놓고 느슨하게 감침질합니다. 벙어리장갑의 아랫면에서 9.5cm 지점 중앙 겉면에 문양을 옮겨 그립니다. 다리미로 은근하게(모직 모드로) 다림질하여 문양을 전사합니다. 물리네 실 두 가닥을 이용하여 도안에 제시된 스티치로 수를 놓습니다.

재봉하기

벙어리장갑 두 장을 각각 겉면이 마주 보도록 포개어 놓고 핀으로 고정한 다음, 아랫면을 제외한 둘레 전체를 러닝 스티치로 박아줍니다. 재봉선에서 5mm 간격을 두고 자투리 원단을 잘라냅니다. 톱니 가위를 이용하여 장갑의 아랫면을 잘라내고 뒤집어줍니다. 물리네 컬러 베리에이션 DMC 2미터를 반으로 접어 가는 끈을 만듭니다. 뜨개바늘을 이용하여 끈을 장갑의 아랫면에서 5cm 지점에 넣고 끈의 끝단을 매듭지어 마무리합니다.

Les bandeaux
헤어밴드

Le bonnet
비니

L'écharpe

스카프

벙어리장갑

잡화점

Le petit bazar

놀이 공간은 아이들에게 아주 중요한 장소이지요. 작은 블록들을 쌓고 장난감 자동차를 몰고 인형의 머리를 손질해주는 등 일상의 시간을 가장 많이 보내는 곳이랍니다. 플라스틱 통을 대신할 다양한 형태의 장난감 가방을 만들어 봅니다. 귀여운 인물들과 작은 세상을 근사하게 수놓아 보세요.

Le sac besace

크로스 백

- 23×20cm 흰색 교직물
- 24×46cm 무늬 천 두 장
- 물리네 컬러 베리에이션 DMC : 4030 한 타래
- 23×20 열접착시트
- 24×46cm 물방울무늬 천 두 장 (안감용)
- 43cm와 23cm 꽃무늬 바이어스
- 80cm 물방울무늬 바이어스 (손잡이)
- 지름 1cm의 작은 금속 고리 두 개

수놓기

직사각형의 교직물을 가로 방향으로 놓고 중앙에 문양을 옮겨 그립니다. 물리네 실 두 가닥을 이용하여 도안에 제시된 스티치로 수를 놓습니다. 자수를 세탁한 후 안면을 다림질합니다.

재봉하기

자수의 안면에 20×16cm의 직사각형을 그리고 열접착시트를 붙입니다. 자수의 윗면과 아랫면 윤곽선을 잘라냅니다. 가방과 안감용 천 안면에 20×42cm의 직사각형을 그립니다. 직사각형의 무늬 천 한 장을 세로 방향으로 놓고, 아랫면 재봉 여백을 밖으로 접어 다림질합니다. 방금 다림질한 부분의 겉면에 자수의 안면을 대고 다림질을 한 다음, 지그재그 스티치로 결합합니다.

자수의 윗면에 바이어스를 걸쳐 놓고 가장자리에서 2mm 간격을 두고 넓은 면 양쪽을 러닝 스티치로 박아줍니다. 직사각형의 파란 무늬 천 두 장을 겉면이 마주 보도록 놓고 옆면과 아랫면을 러닝 스티치로 박아줍니다. 같은 방식으로 안감도 결합합니다. 안감을 가방 안에 안면이 마주 보도록 넣고 재봉 여백을 안으로 접어 넣은 다음, 둘레 전체를 지그재그 스티치로 결합합니다. 바이어스를 걸쳐 놓고 둘레 전체를 박음질합니다. 자수의 윗부분 바이어스의 양옆에 고리를 박아줍니다. 바이어스를 재봉할 때 고리가 있는 양쪽 끝단도 함께 박음질해줍니다.

Le sac à dos

백팩

- ☐ 30×25cm 흰색 교직물
- ☐ 물리네 컬러 베리에이션 DMC : 4210 한 타래
- ☐ 70cm×2cm 순면 서지 원단 두 장
- ☐ 폭 2.5cm의 금속 길이 조절기 두 개
- ☐ 원단용 초크 또는 연필
- ☐ 안전핀

무늬천 :

- ☐ 30×9cm와 30×12cm (앞면)
- ☐ 30×37cm 세 장 (등과 안감)

수놓기

직사각형의 교직물을 가로 방향으로 놓고 중앙에 문양을 옮겨 그립니다. 물리네 실 두 가닥을 이용하여 도안에 제시된 스티치로 수를 놓습니다. 자수를 세탁한 후 안면을 다림질합니다.

재봉하기

자수의 안면에 25×20cm의 직사각형을 그립니다. 윤곽선에서 1.5cm 간격을 두고 자투리 원단을 잘라냅니다. 작은 천 조각(30×9cm와 30×12cm의 무늬 천-역주)의 안면에 25×5cm와 25×8cm의 직사각형을 그립니다. 넓은 띠는 자수의 윗면에, 좁은 띠는 자수의 아랫면에, 겉면이 마주 보도록 놓고 핀으로 고정합니다. 긴 면을 러닝 스티치로 박음질한 후 다림질합니다.
나머지 무늬 천들(30×37cm의 가방의 등과 안감용 천-역주) 안면에 25×33cm의 직사각형을 그립니다. 직사각형 천 한 장(가방의 등-역주)과 자수를 겉면이 마주 보도록 포개어 놓고 옆면을 박음질합니다. 순면 서지 원단 띠 두 장을 가방의 아랫부분 틈으로 밀어 넣고, 넓은 면 양쪽의 재봉선에서 2cm 지점의 겉면에 핀으로 고정합니다. 아직까지는 가방의 안면이 바깥으로 뒤집혀진 상태이므로 두 개의 어깨띠는 가방 안에 있고 서지 원단의 끝단만 삐져나와 있는 모습을 하게 됩니다. 이제 가방의 아랫면을 어깨띠와 함께 러닝 스티치로 박음질하고 밖으로 뒤집어 다림질합니다. 직사각형의 안감용 천을 겉면이 마주 보도록 포개어 놓고, 10cm의 창구멍을 제외한 아랫면을 러닝 스티치로 박아줍니다. 안감을 가방 안에 겉면이 마주 보도록 넣고 둘레 전체를 러닝 스티치로 박음질한 후 뒤집어 다림질합니다. 가방의 윗면은 3cm 간격을 두고 둘레 전체를 박음질하여 홈을 만듭니다. 홈의 양옆 재봉선을 뜯어내고 띠를 밀어 넣습니다. 각각의 띠에 길이 조절기를 끼워 넣습니다. 띠 끝단에 안전핀을 꽂고, 갈 때는 첫 번째 홈에, 돌아올 때는 두 번째 홈에 끼워 끝단이 같은 방향으로 나오게 합니다. 나머지 띠도 반대쪽에 동일하게 작업합니다. 각 띠의 끝단은 조절기 중앙에 박음질해줍니다.

Le pochon à cubes

블록 주머니

- 25×20cm 흰색 교직물
- 25×10cm와 25×26cm 무늬 천
- 25×30cm 물방울무늬 천 두 장 (안감용)
- 물리네 컬러 베리에이션 DMC : 4200 한 타래
- 1m×3mm 빨간색 띠
- 나무로 된 방울 장식 두 개
- 두꺼운 뜨개바늘 한 개

수놓기

직사각형의 교직물을 가로 방향으로 놓고 중앙에 문양을 옮겨 그립니다. 물리네 실 두 가닥을 이용하여 도안에 제시된 스티치로 수를 놓습니다. 자수를 세탁한 후 안면을 다림질합니다.

재봉하기

자수의 안면에 20×15cm의 직사각형을 그립니다. 이때 윤곽선에서 1cm 지점에 자수의 아랫부분이 오도록 합니다. 자수의 아랫부분에 작은 무늬 천(25×10cm-역주)을 겉면이 마주 보도록 놓고 핀으로 고정한 다음, 러닝 스티치로 박음질한 후 재봉선의 안면을 다림질합니다.

이렇게 결합된 천의 안면에 20×21cm의 직사각형을 그립니다. 나머지 무늬 천(25×26cm-역주) 안면에도 20×21cm의 직사각형을 그립니다. 자수와 천을 겉면이 마주 보도록 포개어 놓고 핀으로 고정한 다음, 양 옆면과 아랫면을 러닝 스티치로 박아줍니다. 두 장의 안감용 천을 겉면이 마주 보도록 놓고 양 옆면과 아랫면을 러닝 스티치로 박아줍니다. 이때 아랫면 중앙에 5cm의 창구멍을 남겨둡니다. 주머니 하단의 양쪽 모서리 부분에서 옆면과 하단의 재봉선을 포개어 밑면이 4cm인 삼각형을 만듭니다. 삼각형의 밑면을 박음질한 후 주머니 바닥에 접어 넣습니다.

이제 주머니를 밖으로 뒤집어줍니다. 안감으로 사용할 물방울무늬 천에도 동일한 작업을 진행합니다. 안감을 자수 부분 안에 겉면이 마주 보도록 넣고 주머니 윗면 둘레 전체를 러닝 스티치로 박아줍니다. 창구멍을 슬랜팅 스티치로 닫고 뒤집어 다림질합니다. 이때 물방울무늬 천이 주머니 윗면에서 1.5cm 삐져나오도록 합니다. 물방울무늬 천 밑에 있는 주머니 윗면 둘레 전체에 1cm 간격의 재봉선 두 개를 만듭니다. 동일하게 반으로 자른 주머니 끈을 두꺼운 바늘을 이용하여 옆 재봉선부터 홈에 집어넣습니다. 방울 장식을 끝단에 끼워 넣고 매듭을 묶어줍니다. 나머지 끈도 반대쪽에 동일하게 작업합니다.

— 4240

— 4030

Le pochon à cubes

블록 주머니

Le sac de rangement pour jouets

장난감 정리함

- 물리네 컬러 베리에이션 DMC : 4240 한 타래
- 28×28cm 파란 물방울무늬 천 다섯 장 (안감용)

흰색 교직물 :

- 28×7cm (두 장-역주) (작은 자동차와 트럭 장식띠)
- 28 x 9cm (큰 자동차 장식띠)

무늬 천 :

- 28×28cm 다섯 장 (정리함의 네 면과 바닥)
- 28×9cm 두 장 (손잡이)

열접착시트 :

- 28×4cm (작은 자동차와 트럭 장식띠)
- 28×5.5cm (큰 자동차 장식띠)
- 28×28cm (가방의 바닥)

수놓기

교직물 띠 중앙에 문양을 옮겨 그립니다. 물리네 실 두 가닥을 이용하여 도안에 제시된 스티치로 수를 놓습니다. 자수를 세탁한 후 안면을 다림질합니다.

재봉하기

작은 장식띠 자수의 안면에 25×4cm의 직사각형을 그립니다. 큰 장식띠 자수의 안면에는 25×5.5cm의 직사각형을 그립니다. 자수의 안면에 열접착시트를 붙입니다. 긴 윤곽선에서 1.5cm 간격을 두고 자투리 천을 잘라낸 다음, 안으로 접어 넣고 다림질합니다. 무늬 천과 물방울무늬 천(28×28cm-역주) 안면에 각각 25×25cm의 정사각형을 그립니다. 한 장의 정사각형 무늬 천 겉면에 자수 띠들을 놓고 핀으로 고정합니다. 윗면에서 2cm 지점에 처음 띠를 놓고, 다음 띠들은 1.5cm 간격을 두고 배치합니다. 가장자리에서 2mm 간격을 두고 긴 면을 러닝 스티치로 박아줍니다. 한 장의 정사각형 천 안면에 열접착시트를 붙여 정리함의 바닥을 만듭니다. 정리함 바닥과 정사각형 천 한 장을 겉면이 마주 보도록 놓고 한쪽 면을 핀으로 고정한 후 러닝 스티치로 박아줍니다. 나머지 세 장의 정사각형 천에도 동일한 작업을 진행합니다. 각 부분을 결합하고 러닝 스티치로 하나하나 박아줍니다. 안감 천에도 동일한 작업을 진행합니다. 단, 한쪽 면에 10cm의 창구멍을 남겨둡니다. 손잡이용 천 안면에 25×

6cm의 직사각형을 그립니다. 겉면이 마주 보도록 길게 접고 러닝 스티치로 박아준 다음, 뒤집어 다림질합니다. 이 손잡이를 정리함의 양쪽 면 모서리에서 6cm 떨어진 지점에 각각 핀으로 고정합니다. 안감을 함 안에 겉면이 마주 보도록 넣고, 손잡이를 포함한 둘레 전체를 러닝 스티치로 박아줍니다. 이제 함을 뒤집어 다림질한 다음, 창구멍을 촘촘한 스티치로 닫아줍니다.

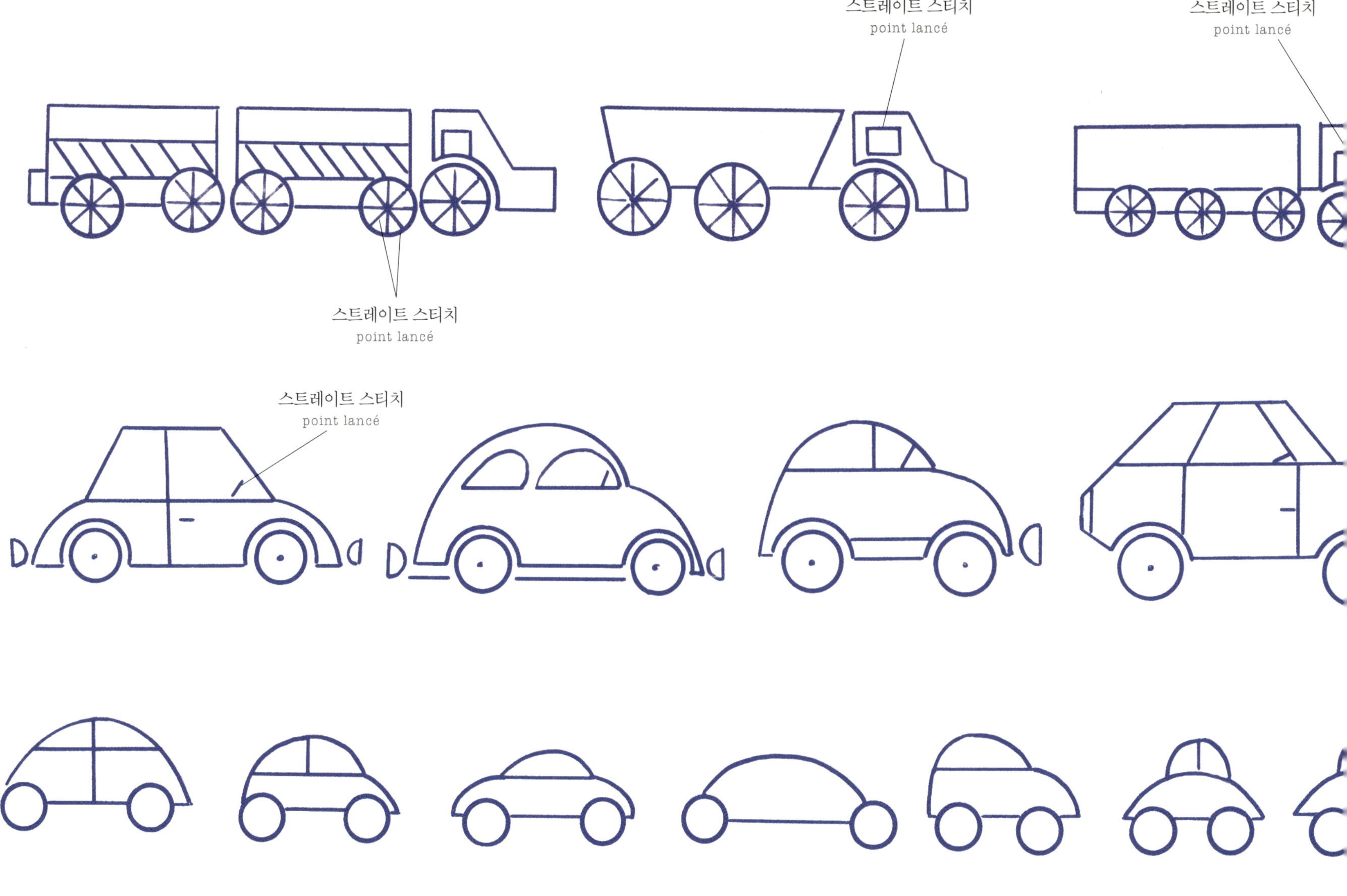
스트레이트 스티치
point lancé
스트레이트 스티치
point lancé
스트레이트 스티치
point lancé
스트레이트 스티치
point lancé

4240

4200

Le cadre photo

액자

- 27×25cm 흰색 교직물
- 물리네 컬러 베리에이션 DMC : 4215 한 타래
- 27×25cm 열접착시트
- 23.5×21.5cm, 두께 2mm의 판지 세 장
- 물리네 실에 어울리는 리버티 끈 90cm
- 압정핀 한 개
- 비닐 접착제와 딱풀
- 액자용 접착 고리 한 개
- 액자 크기 : 23.5 x 21.5cm

수놓기

직사각형의 교직물을 가로 방향으로 놓고 중앙에 문양을 옮겨 그립니다. 물리네 실 두 가닥을 이용하여 도안에 제시된 스티치로 수를 놓습니다. 자수를 세탁한 후 안면을 다림질합니다. 자수의 안면에 열접착시트를 붙입니다.

재봉하기

한 장의 판지 가운데에 한 면의 길이가 10cm인 정사각형 창문을 그리고 잘라냅니다. 판지의 중앙을 잘 맞추어 딱풀로 원단을 붙입니다. 원단의 네 면을 안으로 접어 넣고 접착한 후 마르도록 놔둡니다. 교직물 중앙에 대각선 두 개를 그어 자릅니다. 단, 판지에서 2mm를 남겨둡니다. 각 면에 2cm의 덮개를 남겨놓고 원단을 잘라냅니다. 이 덮개를 판지의 안면으로 접어 넣고 접착한 후 마르도록 놔둡니다. 다른 판지에는 하단과 양 옆면에서 2cm 떨어진 ≪U≫자 모양의 선을 그리고 잘라냅니다. 이것을 원단을 댄 판지 안면에 접착한 다음, 빨래집게로 고정하여 완전히 마를 때까지 기다립니다.

액자가 마르면 안면에 나머지 판지를 붙이고, 여기에 고리를 고정시킵니다. 액자 둘레에 리버티 끈을 대고 양 옆면과 아랫면을 붙입니다. 윗면의 리버티 끈은 붙이지 않고 사진을 갈아 끼울 수 있도록 압정핀을 달아놓습니다. 이제 윗면 틈으로 사진을 넣어봅니다.

L'album photos

사진첩

- 30×25cm 흰색 교직물
- 물리네 컬러 베리에이션 DMC : 4240 한 타래
- 25×19cm 열접착시트

무늬천

- 본 사진첩의 크기는 25.5×22cm

- 양면 열접착시트 보호지
- 커버 크기가 최소 21×25cm가 되는 나사형 사진첩 한 개
- 양면 열접착시트
- 커터
- 원단용 비닐 접착제

수놓기

직사각형의 교직물을 가로 방향으로 놓고 중앙에 문양을 옮겨 그립니다. 물리네 실 두 가닥을 이용하여 도안에 제시된 스티치로 수를 놓습니다. 자수를 세탁한 후 안면을 다림질합니다.

재봉하기

자수의 안면에 25×19cm의 직사각형을 그리고 열접착시트를 붙입니다. 사진첩을 해체하여 앞뒤 커버 부분을 천으로 감쌉니다. 앞 커버에 22×16cm의 창문 한 개를 잘라냅니다. 앞뒤 커버의 치수를 재고 둘레 전체에 2cm를 추가하여 양면 열접착시트의 보호지 위에 옮겨 그립니다. 천 위에 접착면을 대고 보호지를 다림질합니다. 보호지를 떼어내고 접착면을 커버 위에 얹은 다음 천을 다림질합니다. 자투리 천은 안으로 접어 넣고 다림질하여 접착합니다.
같은 방식으로 뒤 커버에 해당하는 직사각형 천에 열접착시트를 붙입니다. 이때는 둘레 전체에서 1cm를 빼고 안으로 접착하여 예쁘게 마감합니다. 앞 커버는 다음과 같이 작업합니다. 천 중앙에 대각선 두 개를 그어 자릅니다. 단, 커버에서 2mm를 남겨둡니다. 각 면에 2cm의 덮개를 남겨놓고 천을 잘라냅니다. 이 덮개를 안으로 접어 넣고 접착합니다. 자수 둘레의 자투리 원단을 잘라내고 창문 뒤에 붙입니다. 이제 사진첩을 조립합니다.

글쓴이가 전하는 팁

75 페이지의 알파벳을 골라 이름이나 문장을 수놓아 보세요. 자신만의 특별한 사진첩을 만들 수 있답니다.

액자

4215
러닝 스티치
point avant
스트레이트 스티치
point lancé
스트레이트 스티치
point lancé
백 스티치
point de piqûre
백 스티치
point de piqûre

스트레이트 스티치
point lancé

4240

Le cahier à secrets

비밀 노트

- 25×25cm 흰색 교직물
- 꽃무늬 천 (치수는 다음에 설명)
- 물리네 컬러 베리에이션 DMC : 4190 한 타래
- 14×15.5cm 열접착시트
- 1m×2cm의 잘 어울리는 레이스
- 양면 열접착테이프
- 50cm×3mm의 연한 녹색 띠
- 8cm×3mm의 연한 녹색 띠 (리본용)
- 50cm×3mm의 분홍색 띠
- 최소 15×21.5cm 크기의 노트
- 자수와 재봉에 필요한 용품

먼저 노트의 치수부터 잽니다.

폭 + 5mm = 폭

높이 + 5mm = 높

두께 = 두

이제 원단의 크기를 계산해봅니다.

[(폭×2) + 두 + 16]×(높 + 4)cm

원단의 둘레를 느슨하게 감침질합니다. 가봉실로 (폭×높) 크기의 직사각형을 그립니다. 이때 직사각형은 오른쪽 면에서 8cm 떨어진 세로 중앙에 오도록 합니다. 정사각형의 교직물 중앙에 문양을 수놓습니다. 자수의 안면에 14×16cm의 직사각형을 그리고 열접착시트를 붙입니다.

윤곽선에서 1.5cm 간격을 두고 자투리 천을 잘라낸 다음, 안으로 접어 넣고 다림질합니다. 가봉한 직사각형의 중앙에 핀을 꽂고 가봉실을 제거합니다. 천의 좁은 면 양쪽 1cm를 안면이 마주 보도록 접고 지그재그 스티치로 박아줍니다. 양쪽 넓은 면을 2cm 안으로 접은 다음, 양쪽 좁은 면을 7cm 안으로 접어줍니다. 넓은 면을 가장자리에 바짝 붙여 박아줍니다. 양면 열접착테이프로 자수의 윗면과 아랫면에 레이스를 붙여줍니다. 이때 레이스는 노트 커버의 둘레 전체를 돌아 끝단이 커버의 날개 안으로 들어가게 합니다.

띠들을 동일하게 반으로 잘라 양 날개 중앙에 두 개씩 집어넣고 안에서 매듭을 묶어줍니다. 노트를 커버 안에 놓고 날개를 접어줍니다.

글쓴이가 전하는 팁 띠로 리본 만들기

8cm로 자른 띠 가운데를 자수의 원하는 위치에 놓고 핀으로 고정합니다. 양옆을 접어 고리를 만들고 핀을 꽂은 다음, 한 땀의 스티치로 고정시킵니다. 띠의 겹쳐진 부분을 실로 여러 번 감아 리본의 매듭 모양을 만듭니다. 띠의 자투리는 원하는 길이만큼 잘라냅니다.

Les porte-clés petits animaux

귀여운 동물 열쇠고리

- □ 15×15cm 흰색 교직물 세 장
- □ 15×15cm 꽃무늬 천
- □ 물리네 컬러 베리에이션 DMC : 4210, 4215, 4240 한 타래
- □ 8cm 띠 (리본용)
- □ 열쇠고리 한 개
- □ 합성 솜털 약간
- □ 톱니 가위 한 개

수놓기

정사각형의 교직물 중앙에 문양을 옮겨 그립니다. 물리네 실 두 가닥을 이용하여 도안에 제시된 스티치로 수를 놓습니다. 자수를 세탁한 후 안면을 다림질합니다.

재봉하기

문양의 둘레에 재봉선을 나타내는 점선을 그립니다. 자수와 천을 안면이 마주 보도록 포개어 놓고 3cm의 창구멍을 제외한 윤곽선을 러닝 스티치로 박아줍니다. 합성 솜털을 채우고 창구멍을 닫아줍니다. 러닝 스티치한 부분에서 5mm를 남기고 자투리 천을 톱니 가위로 잘라냅니다.
71 페이지의 설명을 참고하여 토끼에 리본을 달아줍니다. 몇 땀의 스티치로 열쇠고리를 고정시킵니다.

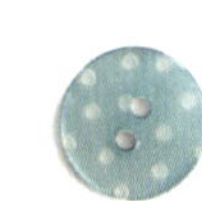

Le cahier à secrets

비밀 노트

Les porte-clés petits animaux

귀여운 동물 열쇠고리

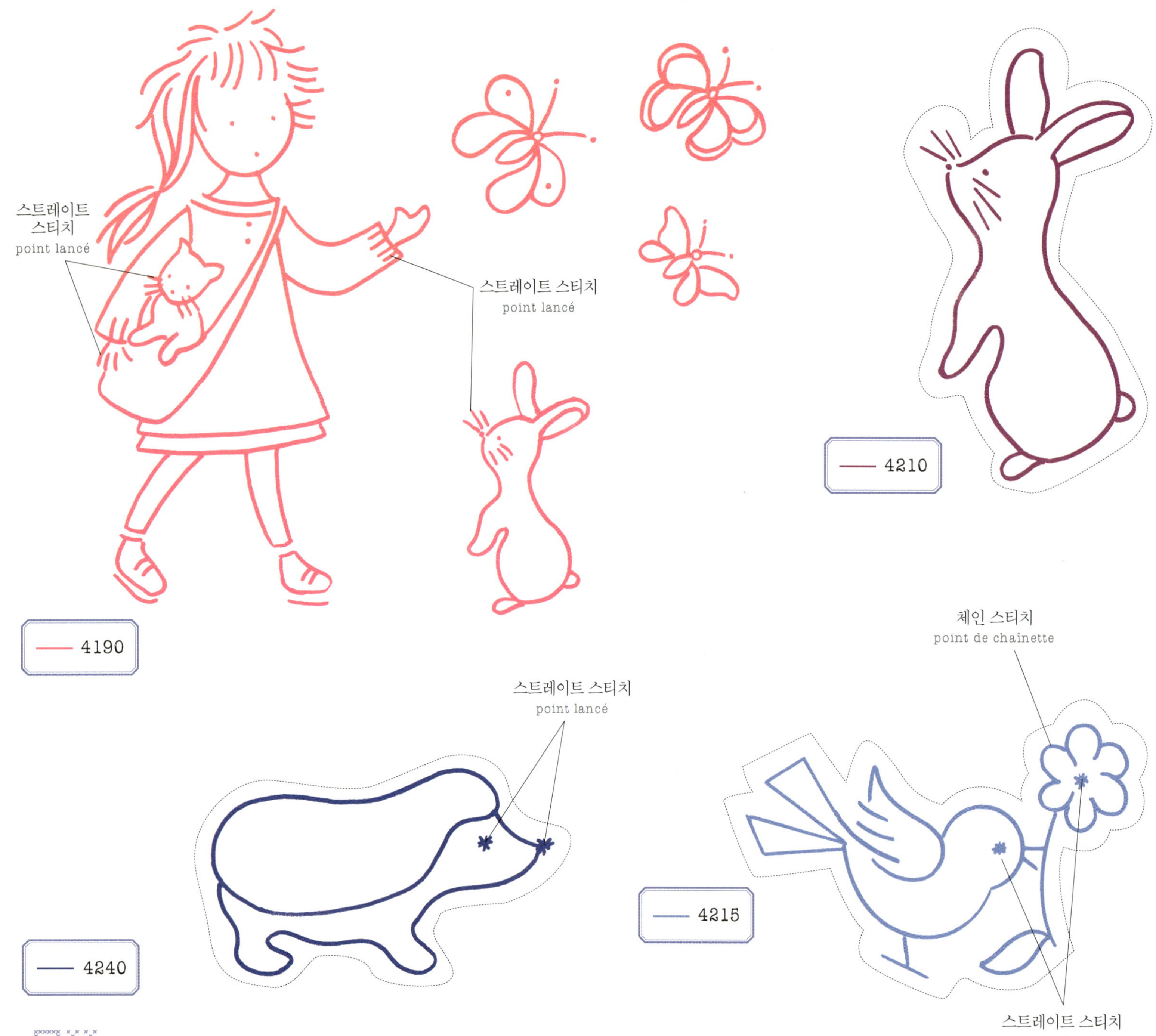

ABCDEFGHIJKLM
NOPQRSTUVWXYZ

abcdefghijklmnopqrs
tuvwxyz

1234567890

Patrons

패턴

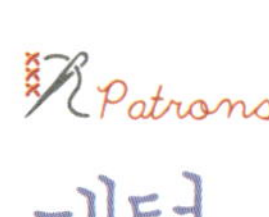

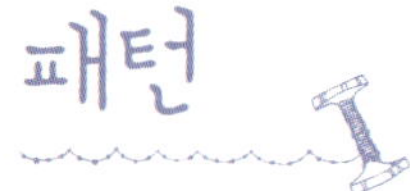

14페이지 전등갓 ½ 패턴(200% 확대할 것)

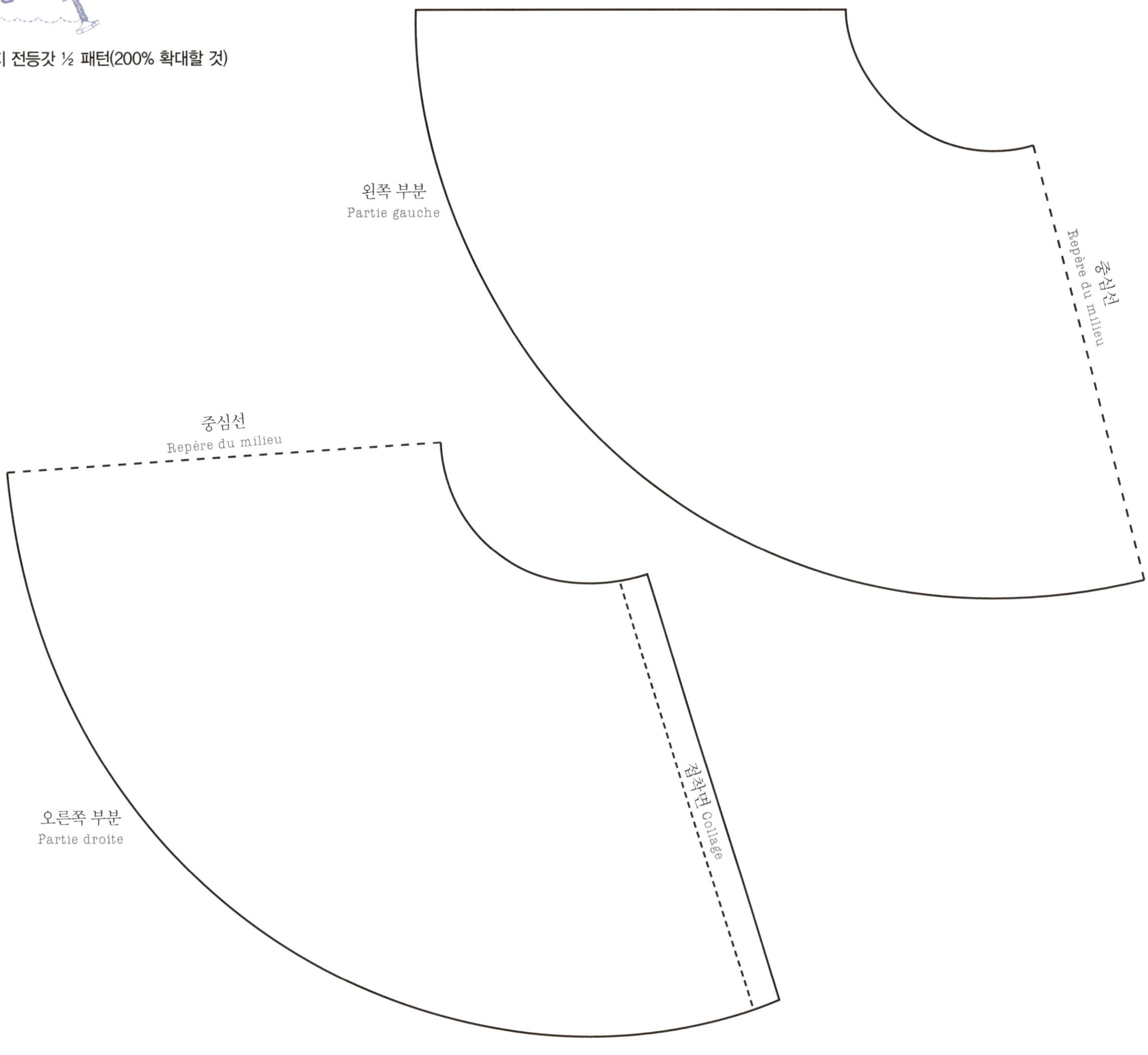
왼쪽 부분
Partie gauche
중심선
Repère du milieu
중심선
Repère du milieu
오른쪽 부분
Partie droite
접착면 Collage

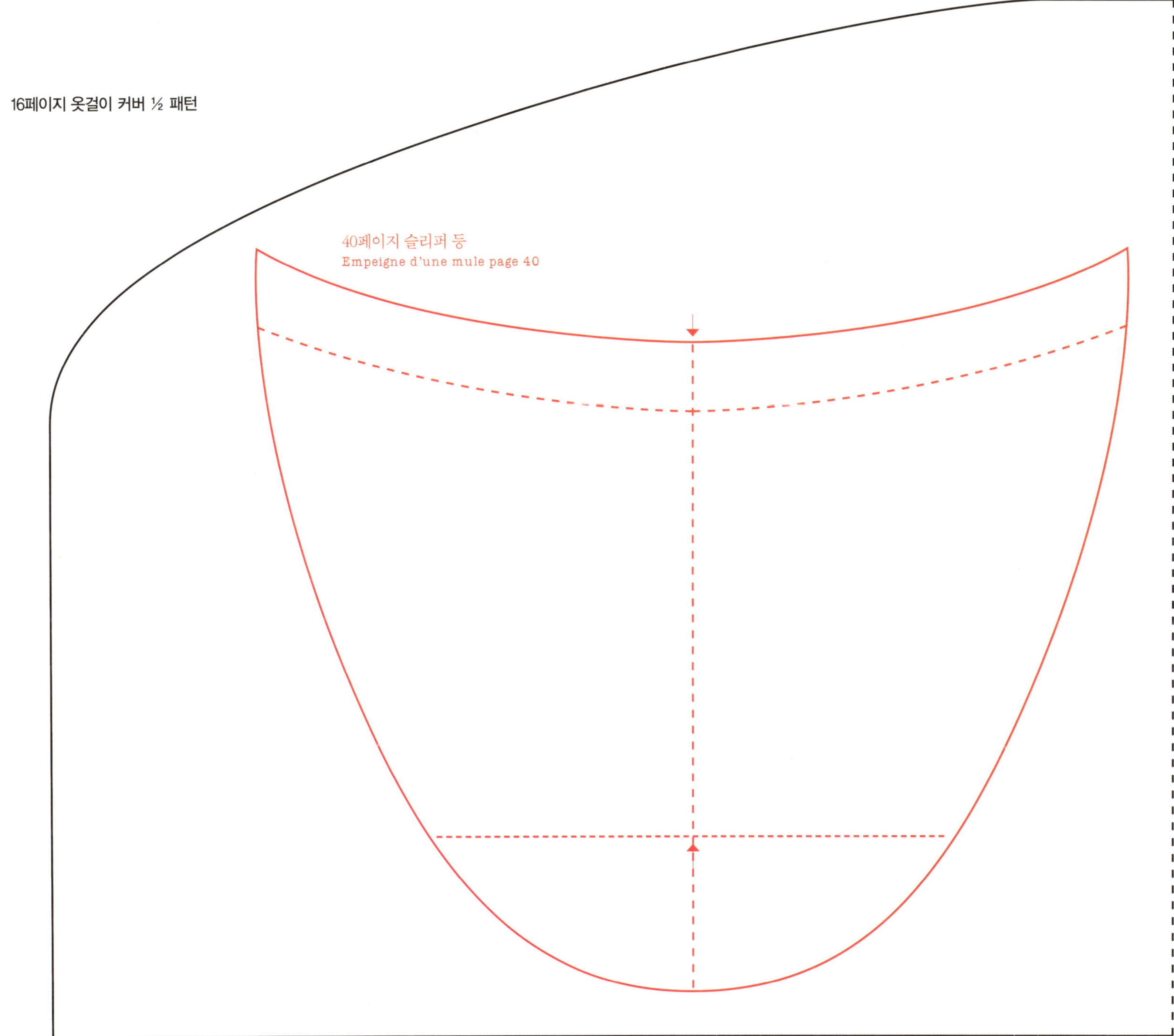
16페이지 옷걸이 커버 ½ 패턴
40페이지 슬리퍼 등
Empeigne d'une mule page 40

44페이지 헤어밴드 ½ 패턴

46페이지 비니 ½ 패턴

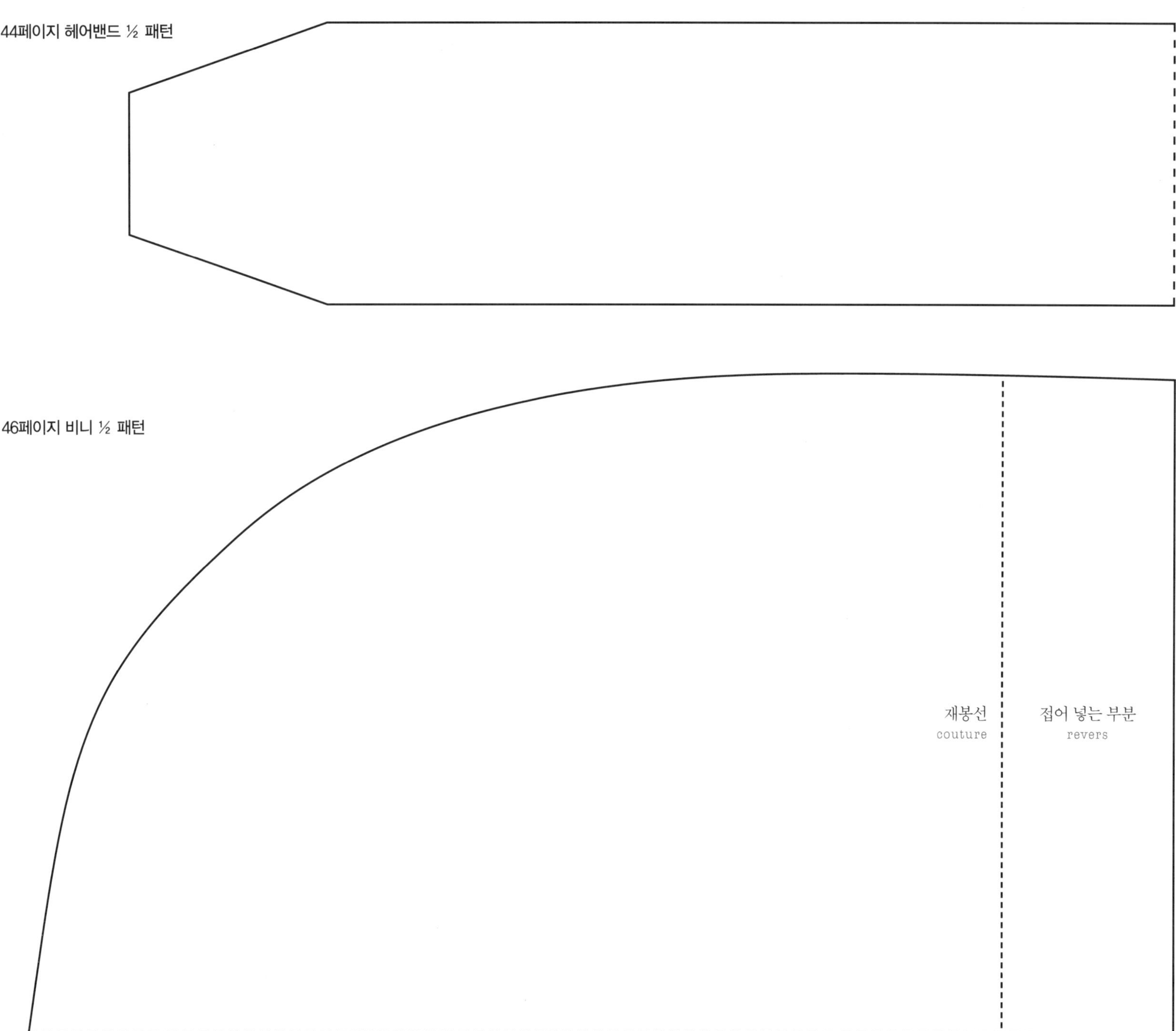

46페이지 벙어리장갑

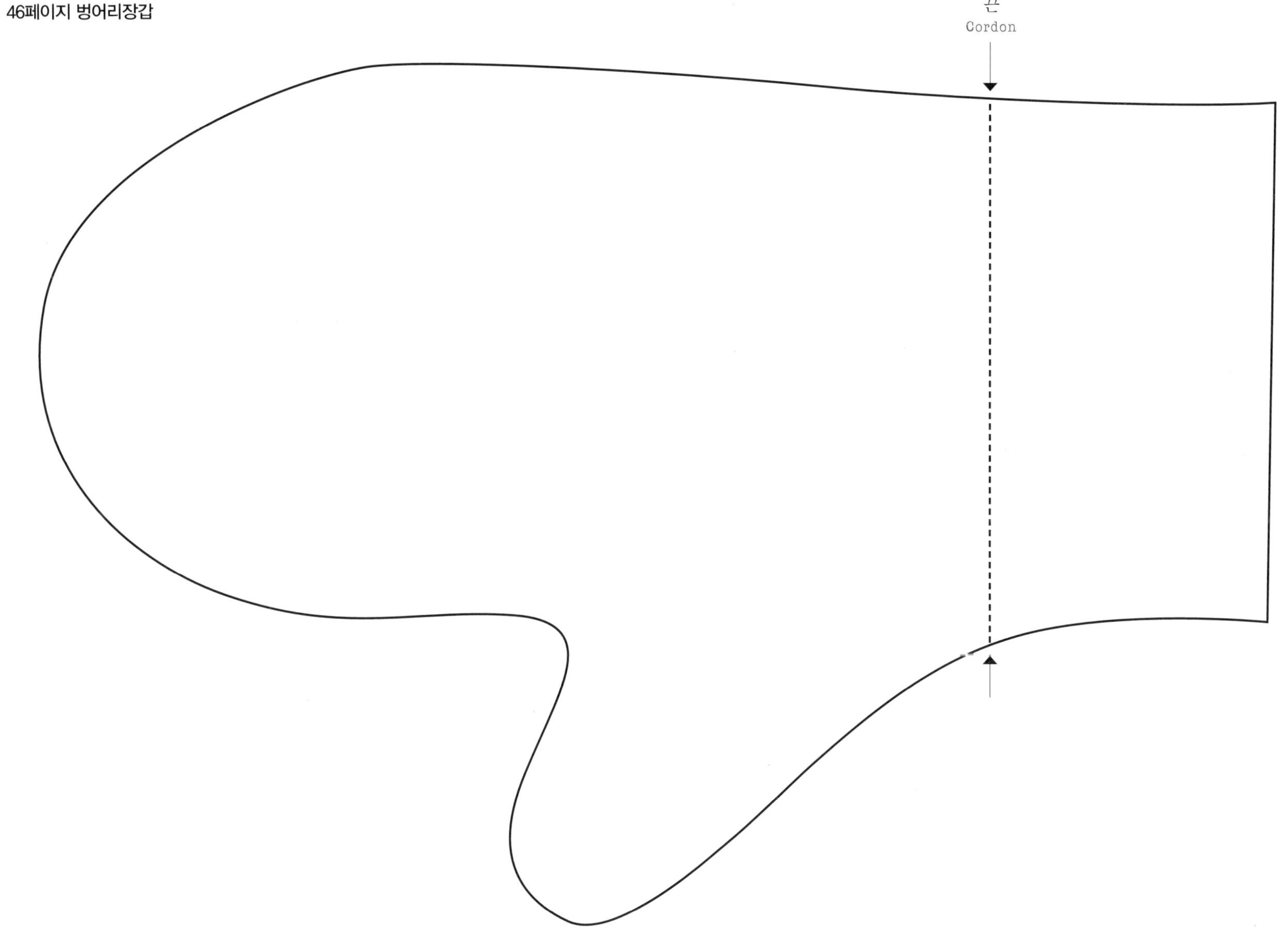

감사의 말

이 전통 자수 책에 무한한 신뢰를 보내준 컬리 코트와 마릴리즈 트리오로, 재능을 맘껏 발휘하여 작업에 임해준 클로에 이브, 소니아 로이와 파브리스 베스, 원단과 물리네 컬러 베리에이션 실을 제공해준 DMC 사의 나탈리 마실락, 예쁜 천을 제공해준 Tous Tissus 사의 플로랑스 만자르에게 마리 안느와 페르레뜨가 감사의 말을 전합니다.

Tous Tissus 사 : Z.I. Saint Gobain - 45120 Challette-sur-Loing Montargis Nord

www.toustissus.com

DMC 사 - www.dmc.fr

스타일리스트가 감사의 말을 전합니다 :

Bonton - www.bonton.fr

Hema - www.hema.fr

Ikéa - www.ikea.com/fr

Monoprix - www.ikea.com/fr

헤어밴드, 깜찍한 슬리퍼, 그 밖에 여러 작품을 착용하고 멋지게 사진 촬영에 임해준 로만, 셀리아, 에땅에게 큰 감사의 말을 전합니다.

매일 30분, 한 땀 한 땀

내아이를 위한 프랑스 자수

초판 1쇄 인쇄 2018년 10월 20일
초판 1쇄 발행 2018년 10월 30일

지은이 마리 안느 레토레 멜랭, 페르레뜨 사무이로프
옮긴이 장덕순
펴낸이 안종남

펴낸 곳 지식인하우스
브랜드 홈스토리
출판등록 2011년 3월 31일 제 2011-000058호
주소 04035 서울시 마포구 서교동 382-21(신양빌딩) 201호
전화 02-6082-1070
팩스 02-6082-1035
이메일 jsinbook@naver.com
블로그 blog.naver.com/jsinbook

ISBN 979-11-85959-68-9 13630